“握着小画笔，
带着小橡皮，
蹦蹦跳跳去学习！”
“先读一首诗，
再算一道题，
剪剪贴贴真有趣！”

# 新快乐学习（中班 4）

出版发行：中国少年儿童新闻出版总社
中国少年儿童出版社
出 版 人：海 飞
执行出版人：赵恒峰

编 著：申德镐　　装帧设计：正信文化
责任编辑：李 华　　责任印务：李书森

社 址：北京市东四十二条21号　　邮政编码：100708
总编室：010 64035735　　传 真：010 64012262
发行部：010 84037667　010 64032266-8269
http：//www.ccppg.com.cn
E-mail：zbs@ccppg.com.cn

印 刷：北京金盾印刷厂　　经 销：新华书店

开 本：787 × 1092　1/12　　印 张：9⅙
2005年9月第1版　　2005年9月北京第1次印刷
字 数：184千字　　印 数：1-10 000册

ISBN 7-5007-7603-9/G · 5755　　定 价：29.80元

## 给父母和老师的话

儿童早期教育对于孩子的成长可以说是至关重要的。孩子在剪、涂、画、贴中享受美工的快乐；在写、算、点、数中享受计算的快乐；在听、说、读、看中享受语言的快乐；在拼、找、绕、描中享受学习的快乐；在棒棒熊、小松鼠的鼓励下享受成功的快乐！

在此，我们向您推荐这套由经验丰富的儿童教育专家编写的大型幼儿每日学习簿《新快乐学习》！

# 新概念幼儿素质教育工程

对于孩子的成长来说，最重要的是教育而不是天赋。孩子最终成为天才还是庸才，不取决于天赋的大小，关键在于他或她从生下来到五六岁受到的教育。

——[德国] 老卡尔·威特

●●被推崇为现代幼儿素质教育鼻祖的老卡尔·威特把他的儿子小卡尔·威特培养成了天才。小卡尔·威特8岁时即通晓6种语言，9岁上大学，16岁成为柏林大学教授，是德国著名的学者、文学家、艺术家。而老卡尔·威特的教育法则也在世界各地深深地影响着现代的教育思想。他在这段经典语句中把孩子成为天才归结为两个关键因素：进行适宜的教育；抓住教育最佳期。现代教育研究结果表明，“从生下来到五六岁” 的婴幼儿期，是形成个性、发展智力、学习语言、开发身心潜能的最佳期。在最佳期对孩子进行适当的教育，会事半功倍，孩子将受益终生。

●●在这一关键时期里，我们要给孩子什么样的教育呢？我们的孩子不一定个个都像小卡尔·威特一样成为天才，但他们一定个个都可以成为非常优秀的人才！而能当此重任者，非幼儿素质教育莫属。幼儿素质教育的提出无疑是我国教育观念上的一次飞跃，它从以教师为主体的强制教育转变为以孩子为主体的人本教育，关注孩子的身心发展规律，谋求幼儿身体、认知、智力、能力、人格、情感等各方面素质的综合发展。幼儿素质教育提倡：不但要注重知识，更要注重能力；不但要强调智育，更要强调人格、情感的健全发展；不但要注重教育的结果，更要注重教育过程中对孩子的学习兴趣、学习习惯和学习方法的培养；不要抹杀孩子的个性，要鼓励孩子的创新能力和创新精神，以适应未来社会的需要。

●●中国少年儿童出版社，作为国内惟一的国家级少年儿童出版社，一直秉承“为了孩子，为了未来，为了祖国，为了世界”的办社宗旨，在近50年里，出版了上万种图书，影响教育了几代人。面对幼儿素质教育，我们更是责无旁贷！经过精心策划，诚邀著名幼教专家、教育界的领导，通力合作，正式推出“新概念幼儿素质教育工程”，为幼儿素质教育——这一功在当代，利在千秋的事业尽我们的绵薄之力。“新概念幼儿素质教育工程”的原则是：传播先进的教育观念，发展先进的教育文化，实践先进的教育方法。目标是：在孩子最宝贵的成长期，给孩子最好的教育！不一定让孩子成为天才，但一定要成为优秀的人才！

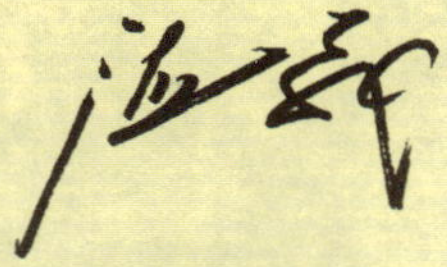

看图编故事：春天。

导语：
你知道春天有哪些变化吗?讲一讲。

寓言故事：两个朋友。

①两个好朋友在山林中行走。
突然看见一头大熊站在路中间，其中一人撇下朋友飞快地爬到树上去了。另一个人被熊吓得昏了过去。
②
熊走到倒地的那人身边，用鼻子在他脸上、身上嗅嗅，转身走了。
③
昏过去的人醒来后，他的朋友问他："熊对你讲了些什么话？"
④
他回答道："熊说：以后千万别和那些不能共患难的朋友同行。"
⑤
导语：不能共患难的人不能成为朋友。

# 你真棒！

看图学古诗：游山西村。

## 游山西村

（宋）陆游

莫笑农家腊酒浑，丰年留客足鸡豚。
山重水复疑无路，柳暗花明又一村。

导语：丰收了，农家用丰盛的酒肉招待客人。翻过重重高山，淌过条条河流，正怀疑前面是否有路，忽然又看见了一个美丽的村庄。

按数的排列顺序，找出排列正确的一组，并画上“○”。

请按数的排列顺序填空。

| | | | | | | | |
|---|---|---|---|---|---|---|---|
| 19 | | 21 | 22 | | | 25 | |

请分别给下面最小的数画上“○”，最大的数画上“△”。

看图做加法，并将得数写在□中。

分别观察下面两幅图，比较左右两边坚果的数量，并给多的一边画上“○”。

走迷宫，从➡到◉。

请在下面找出两个一样的图形，并画上“○”。

看图识字：火。

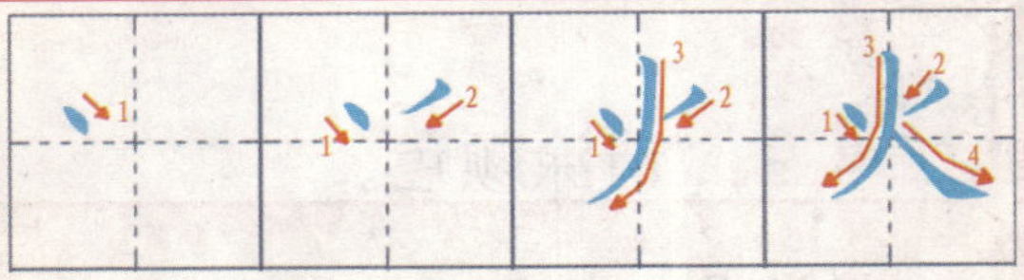

导语：1、火用来干什么？哪里还能看到火？
2、用“火”字组词造句。
3、认识“火”字的笔画、笔顺。

下面图中的○、□、△各有多少个？请填写在◯中。

请涂颜色。

认识书写：6

6像哨子吹得响

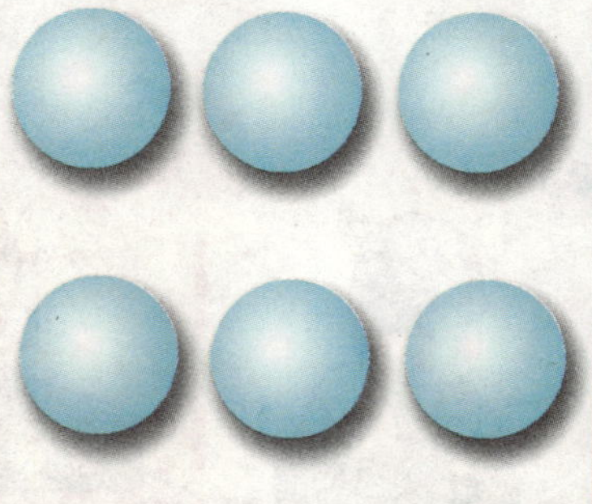

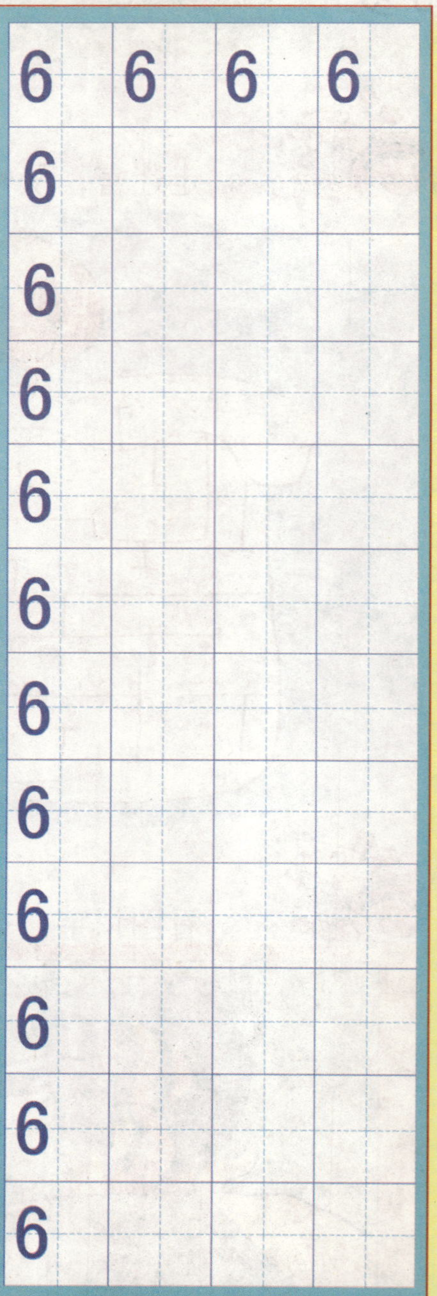

导语：

请教师或家长注意幼儿的握笔姿势和坐姿。

# 你真棒！

语音儿歌：梦里到海南。

梦里到海南

海南、海南，海水蓝蓝。
高高的椰树，白白的沙滩。
海风轻轻吹，吹动小红帆。
红帆到梦里，拉我去海南。
海南、海南，海水蓝蓝，天也蓝蓝。

导语：注意“南、蓝”的发音。

请分别在蘑菇上面找出比蘑菇下面小门上的数大1的数，并画上“○”。

看图学古诗：春江晚景。

导语　春天的傍晚，青青的竹林外露出几枝红红的桃花，小河里戏水的鸭子最先感知春水的温暖。野草遍地，芦苇冒出嫩芽。这该是鱼生长的最好时候了。

这是作者在僧人画家惠崇的《春江晚景》图上题的一首诗。

请按数的排列顺序连线。

看图做减法，得数写在□中。

7-1=□

11-3=□

9-4=□

___年___月___日

# 你真棒！

看图做算术，并将得数写在□中。

8+3= □

2+6= □

6+6= □

请分别给下面能用○中量词的事物画上“○”。

看图后，回答下面的问题。

1、下面的剪影是上图中哪个动物的？找出后请连上线。

2、请给上图◌中在中间骑自行车的动物画上“○”。

3、请说一说，上图⬚中的标牌表示什么？

# 你真棒！

看图做算术，请把得数写在□中。

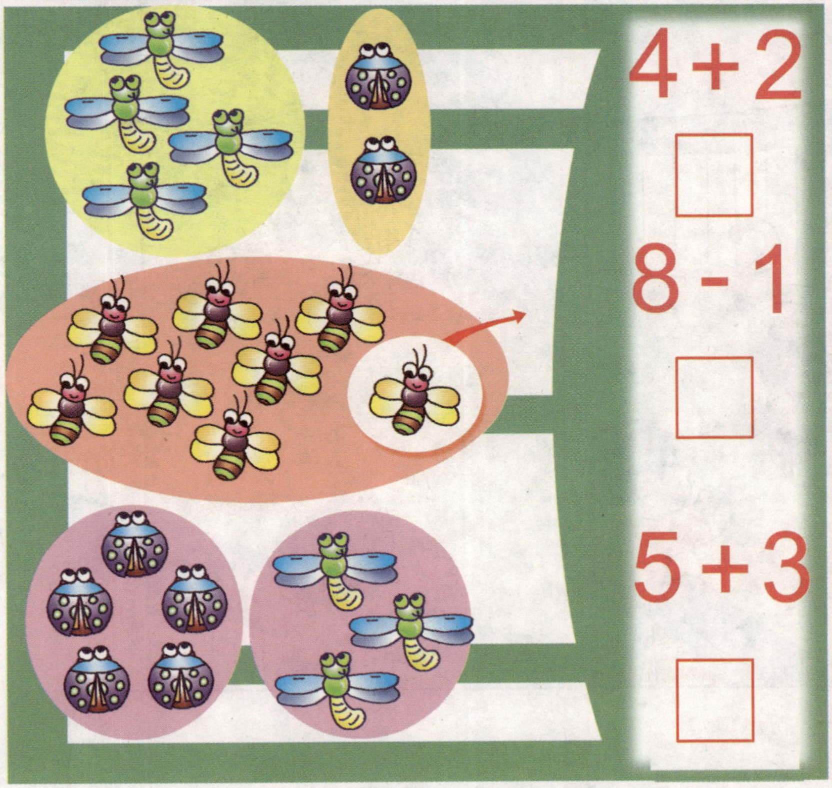


请从11－20连线。

请按□中的数字提示，给相同数量的星星涂上颜色。

看图讲述：动物园（学说复句）。

我看见了可爱的熊猫，还看见了美丽的斑马。

我一会儿逗猴子玩，一会儿喂猴子吃食。

我听画眉鸟唱歌，看孔雀开屏。

导语：启发孩子根据例句充分发挥想像力，并讲述出生活中的其他内容。

请按下面标牌的排列规律填空，并写上序号。

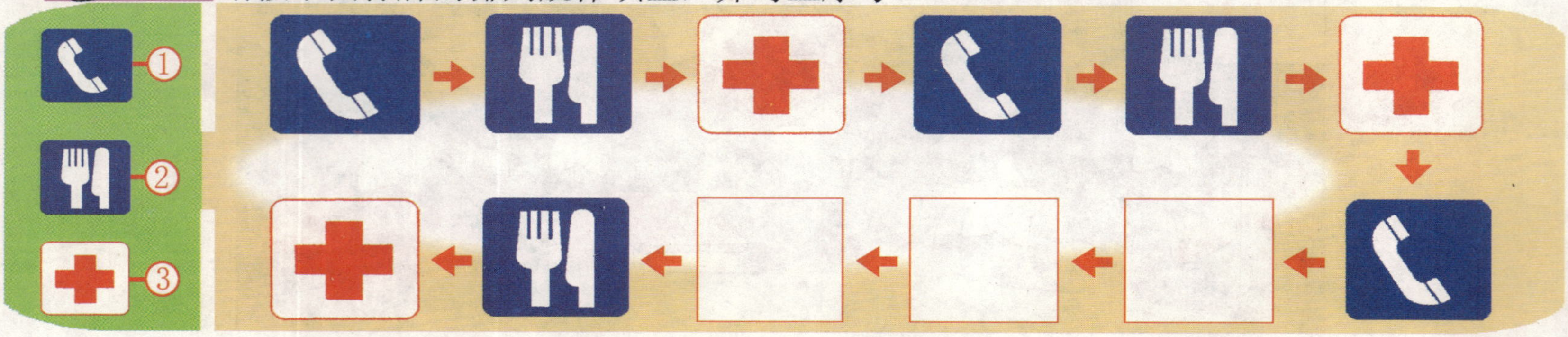

# 你真棒！

请给下面最多的一组笔画上“○”。

请分别给下面离站牌最远的人画上“○”。

右图与左图比较缺少了什么？请添画上。

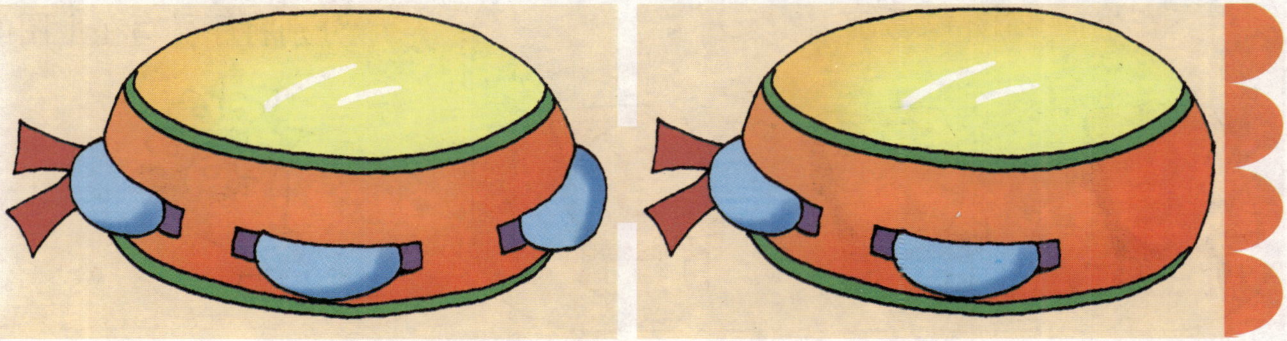

看图后，回答下面的问题。

1、上图◯中的白菜卖掉3棵后还剩几棵？在下面找出得数后画上“○”。

2、下面的东西应在上图中的什么地方买？请分别将序号写在上图的○中。

①  ② 

3-5 岁　___年___月___日

# 你真棒！

请在下面找出：

将下面的灯按从高到矮的顺序写上序号1、2、3、4。

下面哪个小朋友拿牙刷的手与其他的小朋友不一样？找出后请画上“○”。

认识书写：7

7像锄头能锄草

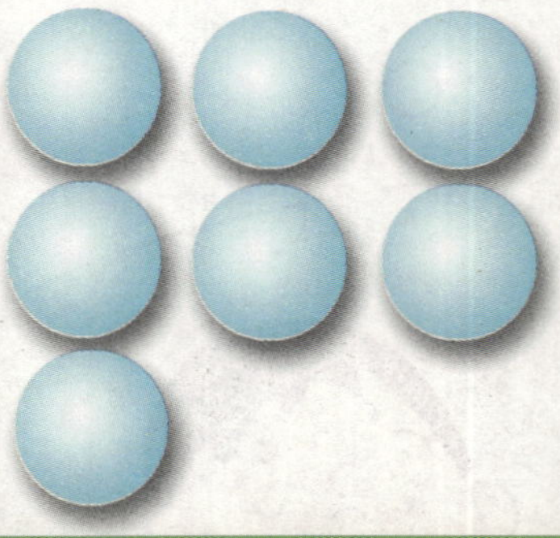

| | | | |
|---|---|---|---|
| 7 | 7 | 7 | 7 |
| 7 | | | |
| 7 | | | |
| 7 | | | |
| 7 | | | |
| 7 | | | |
| 7 | | | |
| 7 | | | |
| 7 | | | |
| 7 | | | |
| 7 | | | |
| 7 | | | |

导语：

请教师或家长注意幼儿的握笔姿势和坐姿。

请将下面圆形鱼的数量写在□中。

从左边数起，请给第3个小朋友画“○”。

看图讲故事：大尾巴松鼠。

下面哪一样东西可以用○中的量词？找出后请画上“○”。

上面两张图分别是下面哪个水壶的一部分？请画上“○”。

请分别将比车的数量多1的数字写在○中；比车的数量少1的数字写在□中。

请在下面找出：

请给两边水果数量相等的○涂上颜色。

请在下面找出离灯塔最近的船，并画上“○”。

看图后，请回答下面的问题。

1、上图中天上正下着什么？请描写下面□中的字。

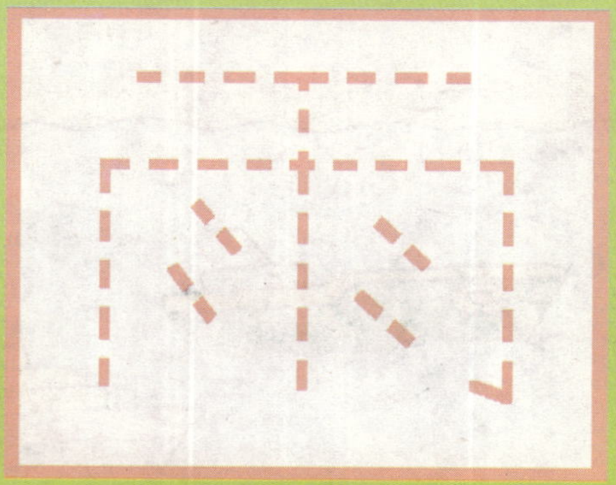

3、请在下面找出上图中的小朋友，并连上线。

请在下面○中找出组成上图的灯，并画上“○”。

请按数的排列顺序来填空。

请在右图中找出：

看图后，回答下面的问题。

1、上图中小朋友画的雪人能在下面哪一个季节里见到？找出后请画上“○”。

2、请在下面找出上图○中的玩具，并画上“△”。

3、说说上图□中的小朋友在做什么运动？

# 你真棒！

请按下面图形的排列规律贴空。

请分别在○中填写比左边炊具数多2的数。

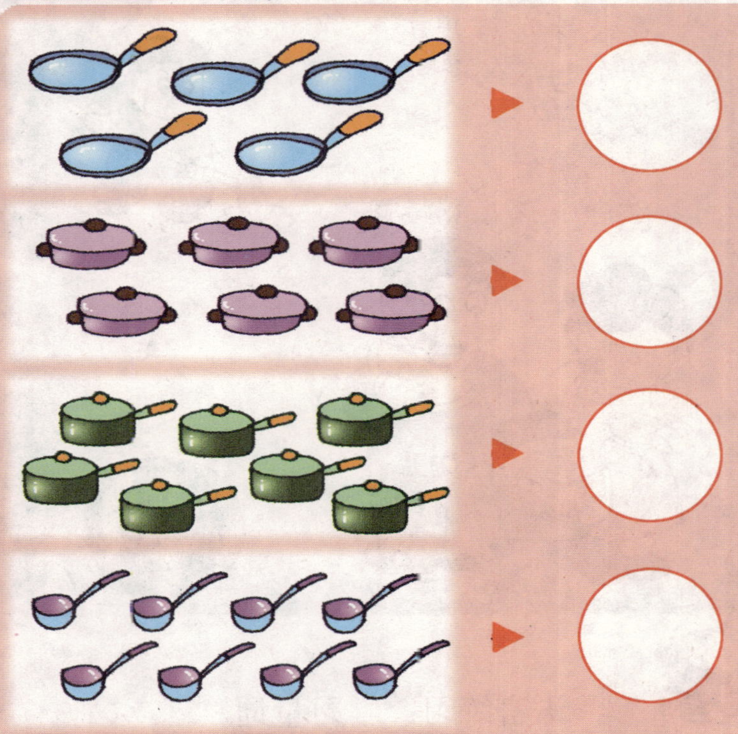

请在右边找出：

民间儿歌：刨个坑儿种西瓜。

刨个坑儿种西瓜

小小孩儿上南洼，
刨个坑儿种西瓜。
先长叶儿后开花，
结个西瓜给爹妈。
爹吃了好，
妈吃了好，
乐得小孩儿蹦蹦跳。

请按数的排列顺序填写中间的数。

语言练习：学习量词。

导 语

引导孩子看图讲述内容，并正确使用量词：群、只、条、朵、张、棵、匹、头……等。启发孩子思考在哪些地方还可以使用这些量词。

# 你真棒！

请在下面给上图的空白处找出正确的图，并贴上贴纸。

数数后，将水果的数量分别写在□中。

看图识字：云。

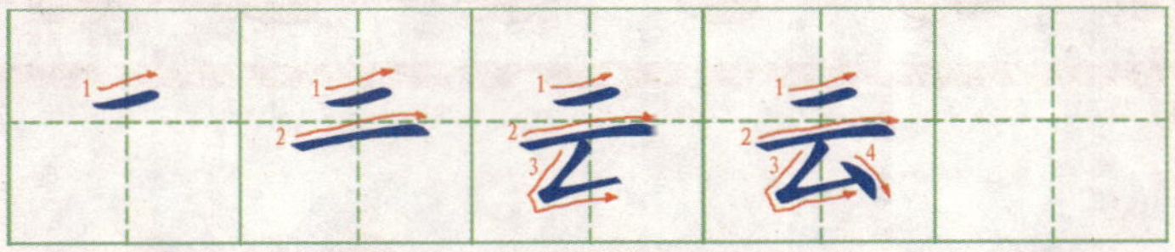

导　语

1、天空中飘的是什么？
2、云像什么？
3、用“云”组词、造句。
4、认识“云”字及其笔画、笔顺。

请在下面找出是工厂里做出来的东西，并画上“○”。

□里的图分别是右边哪个物体的一部分?请连上线。

看图做加法，并将得数写在□中。

6+2=□

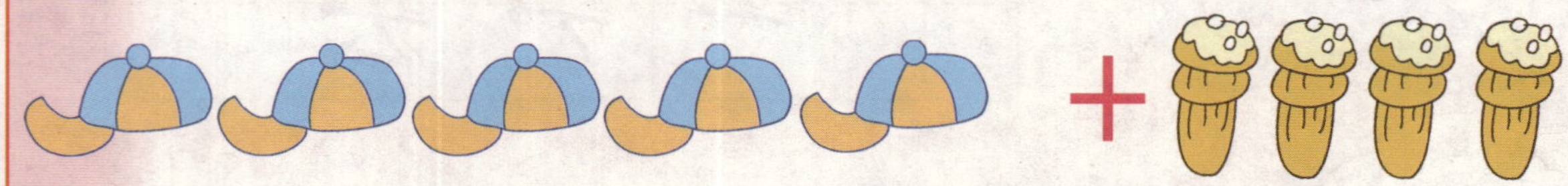

5+4=□

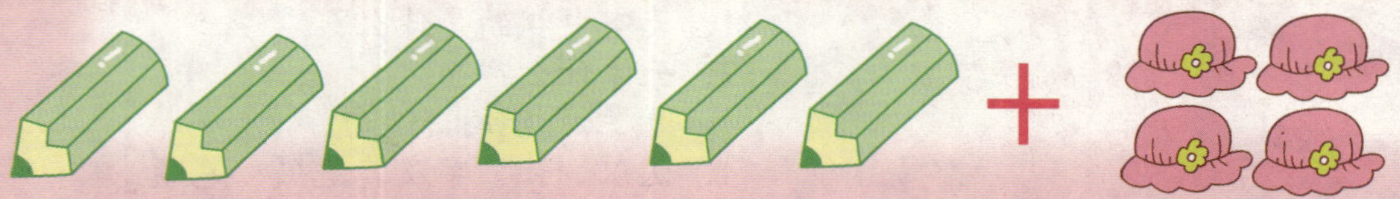

6+4=□

参照上图画下图。

下面哪两个小朋友的衣服用了同一块布料，找出后请连上线。

看图学古诗：滁州西涧。

## 滁州西涧

（唐）韦应物

独怜幽草涧边生，上有黄鹂深树鸣。
春潮带雨晚来急，野渡无人舟自横。

### 导　　语

小河边的青草很可爱，树林深处不时传出黄鹂鸟的叫声。傍晚一场大雨过后，春潮上涨，荒芜的渡口那只无人看管的小船横在岸边。

请给左右图中所示的同一种蔬菜连上线。

到秋天后，右边的树叶变成了什么颜色？请涂色。

认识书写：8

8像葫芦扭扭腰

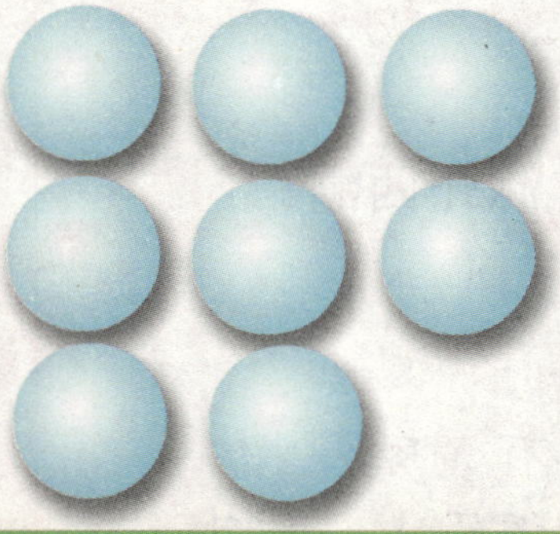

导语：

请教师或家长注意幼儿的握笔姿势和坐姿。

请给下面图中的数字按数的排列顺序连上线。

请分别用“／”划去6个体育用品后，将剩下的数写在□中。

请按数的排列顺序填空。

| | | | | | | | |
|---|---|---|---|---|---|---|---|
| 41 | | 43 | 44 | | 46 | | |

请给下面数字排列正确的一组数画上“○”。

左边的图形合起来后各变成了右边的哪个图形？请连上线。

下面哪一样事物可以用○中的量词？请画上“○”。

看图学说话：放风筝。

这是什么季节？什么地方？小朋友们在干什么？请分别给小朋友取名。

甲XX的风筝怎么啦？他们互相说了些什么话，你能想办法把风筝取下来吗？

甲XX为什么哭了？风筝坏了，他们互相说了些什么话？

他们互相又说了些什么话？甲XX、乙XX的心情又怎么样了？（甲又有了风筝，乙帮助了朋友）

看图后，回答下面的问题。

1、分别给下面的虚线图连线，再从上图中找出相同形状的东西，并连上线。

2、上图○中的东西是用来做什么的？请在下面找出后画上“○”。

3、请按数的排列顺序，在上图中的○中填写数字。

4、找出上图中3个➜所指的东西，并将能吃的东西画上“△”。

5、请给下面对等分的正方形画上“√”。

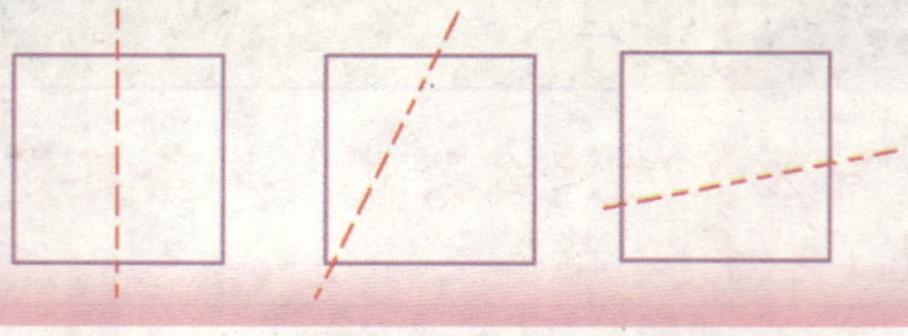

看图学古诗：山中送别。

## 山中送别

（唐）王维

山中相送罢，
日暮掩柴扉。
春草明年绿，
王孙归不归？

### 导　语

在山中送走了朋友，太阳下山时回来关上家门。明年春天长出绿绿的春草时，朋友还会回来吗？

请从31－40连线。

请在右图中找出：

请涂颜色。

请在下面找出：

左图是由右边哪几幅图拼成的？找出后请画上“○”。

3-5 岁

___年___月___日

# 你真棒！

请给左边的自行车找朋友，并连上线。

走迷宫，从➡到◉。

请给下面做得对的小朋友贴上✿（在贴纸中找）。

看图后，回答下面的问题。

1、请给上图⬚中最厚的三明治画上“○”。

2、请在下面找出上图➡所指的蛋糕的另一部分，并画上“△”。

3、上图中的小朋友想买什么？请在图中找出后画上“√”。

4、◌中的面包卖掉2个后还剩几个？请将得数写在□中。

5、请在下面找出对等分的面包，并画上“○”。

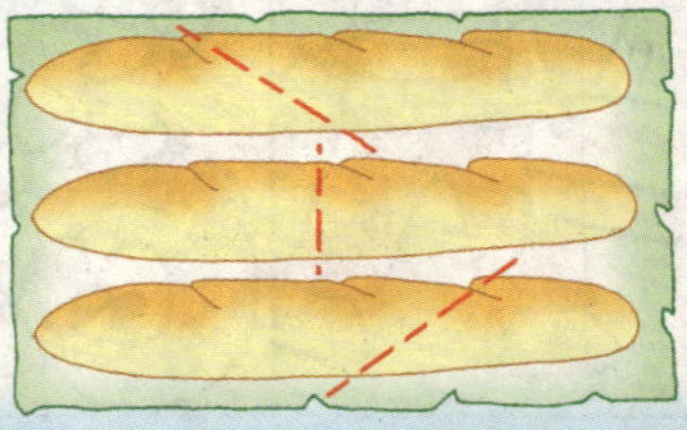

# 你真棒！

看图学古诗：绝句。

**导语**　春天的江山清秀美丽，春风吹送着花草的芳香。燕子在湿润的泥土上快乐地飞着，鸳鸯在暖暖的沙滩上酣睡。

▭中的妈妈生病了，小朋友该做什么？请在下面找出答案后画上“○”。

请给和小熊举的数数量相等的水果画上“○”。

请从31—40连线。

走迷宫，从➡到◉。

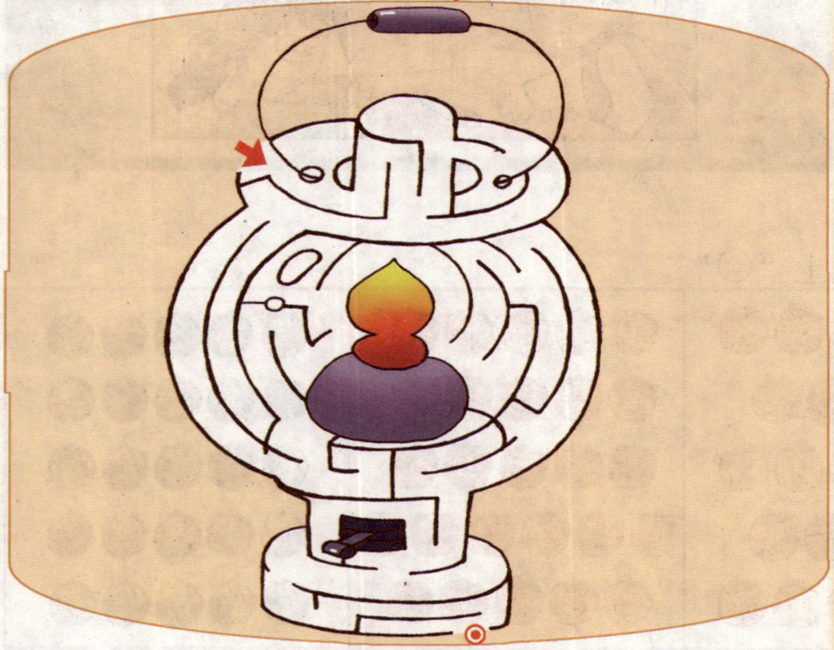

认识书写：9

9

9像饭勺来舀饭

导语：

请教师或家长注意幼儿的握笔姿势和坐姿。

# 你真棒！

将下面的帽子两个组成一组，各有几组？请写在〇中。

请给左右是同一类事物的在〇中涂上蓝色，不同的涂上红色。

请分别给下面可以用〇中量词的事物画上“〇”。

看图后，回答下面的问题。

1、在下面找出用上图中→所指的布做的衣服，并画上“○”。

2、请在下面找出像上图中月亮形状的东西，并画上“△”。

3、请将上面□中的图与下图比较，找出7处不同的地方，并画上“○”。

# 你真棒！

请按○中提示的数，用“/”划掉相应数量的蔬菜，将剩下的蔬菜数写在□中。

请在下面找出：

看图讲故事：老爷爷和蜡烛。

语音儿歌：生水生水我不喝。

导语：注意“渴、喝、生、水”等字的发音。

看图做减法，得数写在□中。

5 - 3 = □

4 - 2 = □

5 - 1 = □

走迷宫，从➡到◉。

请分别找出从左边剪纸上剪出来的图形，并画上“○”。

左边的积木是用右边的哪些积木块搭成的？请画上“○”。

请给下面做得对的小朋友贴上（在贴纸中找）。

看图讲故事：大白蛋找妈妈。

请分别用“/”划掉5个乐器后，将剩下的数写在“○”里。

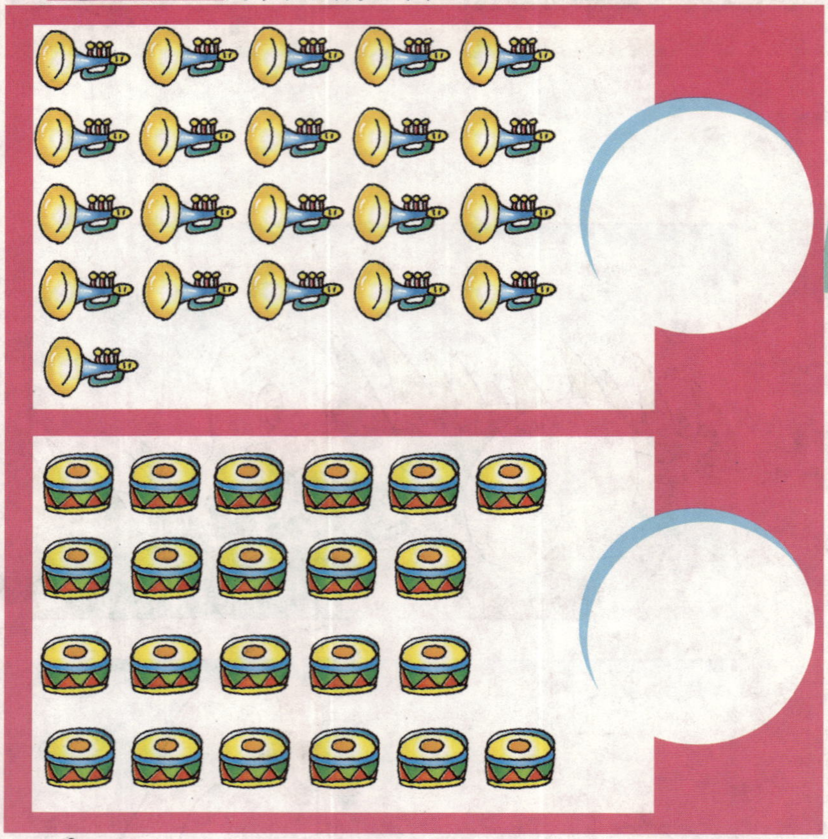

请在下面找出：

请分别说出下面小朋友做得不正确的地方。

# 你真棒！

请给左右相同的字连上线。

请参照左图涂颜色。

请在下图中找出一处有错误的地方，并画上“○”。

请找出下图中有错误的地方，并画上“○”。

走迷宫，从➡到◉。

认识书写：10

# 10

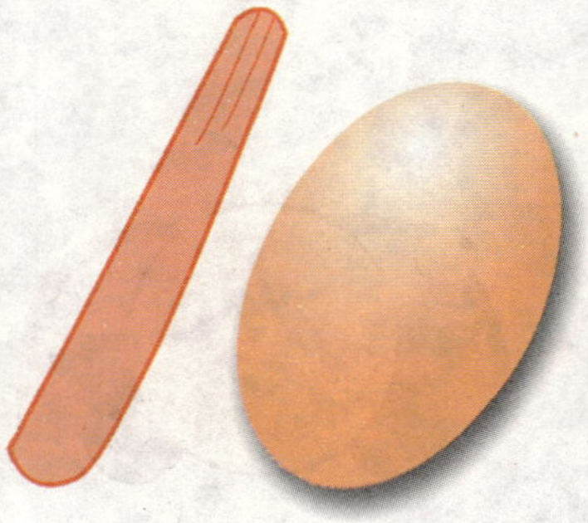

10像筷子和鸡蛋

| | | | |
|---|---|---|---|
| 10 | 10 | 10 | 10 |
| 10 | | | |
| 10 | | | |
| 10 | | | |
| 10 | | | |
| 10 | | | |
| 10 | | | |
| 10 | | | |
| 10 | | | |
| 10 | | | |
| 10 | | | |
| 10 | | | |

导语：

请教师或家长注意幼儿的握笔姿势和坐姿。

# 你真棒！

请说出下面是什么地方。

看图后说出反义词。

下面的帽子各再加多少等于18，就画上多少个○吧！

上面小朋友拿的东西是在下面什么地方买的？找出后请画上“○”。

请找出下面的错误，并画上“○”。

请分别用“／”划去5个积木后，将剩下的积木数写在□中。

寓言故事：农民和蛇。

下图有几个红球？几个蓝球？请分别将球的数量写在左边的◯中。

你知道吗？动物的悄悄话。

**狗**

外国的狗与中国的狗相遇，相互嗅嗅，就知道是同类，很快就友好了。

**鹿**

鹿用嘴和脸摩擦树干，把气味留在树干上，用以告诉同类，这里已有领主了。

**袋鼠**

它们迷路后就把额头上分泌出的气味涂在路上，告诉伙伴：我迷路了，快来帮助我。

**老鼠**

老鼠被人类毒死、打死时，它会在死前留下恐惧的化学气味，警告同类，快绕道走，这里危险。

请按数的排列顺序填写中间的数。

3-5 岁

___年___月___日

# 你真棒！

看图做算术，把得数写在□中。

5+4 □

8-3 □

4+4 □

下面哪个图是上面小朋友从镜子里看到的？请画上“○”。

左边两个半圆能拼成右边的哪一个图形？找出后请画上“△”。

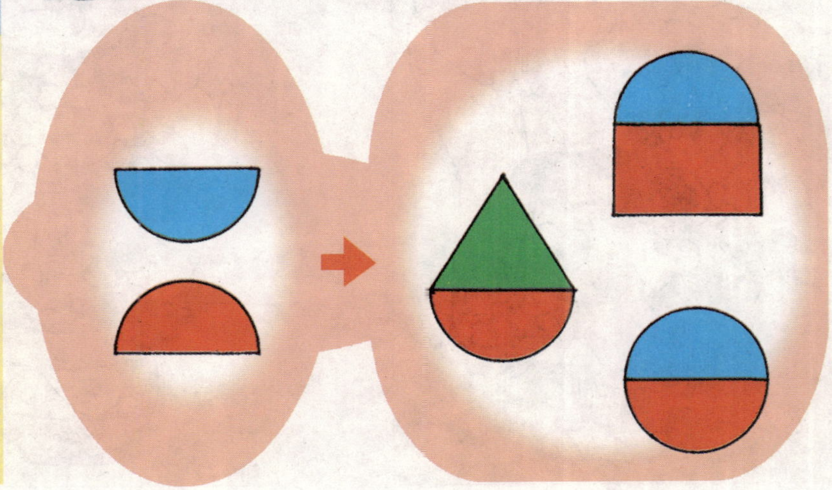

诗歌：去草地。

好天气，去草地，
翻跟头，做游戏。
①
蜻蜓蝴蝶飞飞飞，
妈妈带我追追追。
②
五色花儿随风摆，
妈妈带我采采采。
③
采来一大把，
花瓶里面插。
④
放到阳台上，
宝宝把歌唱。
⑤
唱歌声音高，吓住小花猫。
小猫跑过去，花瓶被打倒。
⑥
妈妈说："别泄气，
明天继续去草地。"
⑦

# 你真棒！

请在下面给上图中的空白处找出正确的图，并贴上贴纸。

抄写数字。

1 2 3 4 5

比较左右两幅图，找出8处不同的地方，并画上“○”。

看图讲述：它们的什么最长？

导　语

仔细看图：说说谁的什么最长？
如耳朵长、尾巴长……等。

请按字的排列规律贴空。

红 → 蓝 → 黄 → 红 → 蓝 → ○ → 红 ↓

蓝 ← ○ ← 黄 ← 蓝 ← ○ ← 黄 ← ○

# 你真棒！

两个小朋友平分下面的面包，每人分到几个？请写在○中。

请数出红气球和蓝气球的数量，并分别写在○中。

请分别将图中面包的数量加5，得数写在○中。

看图做算术，将得数写在□中。

5+5= □

9−3= □

2+6= □

请给图中的空白处找到正确的图，并贴上贴纸。

左图中小朋友的行为各符合右边的哪个词语？请画上“○”。

吃水果

吃饼干

穿衣服

穿鞋子

请涂颜色。

比较左右两幅图，找出8处不同的地方，并画上“○”。

看图后，回答下面的问题。

1、上图○中小朋友去的商店可以买到什么？请在下面找出后画上“√”。

2、请在下面找出上图□中的豆腐价钱，并用ꝺ圈出来。

3、下面的图分别是上图哪辆自行车的一部分？请贴上贴纸。

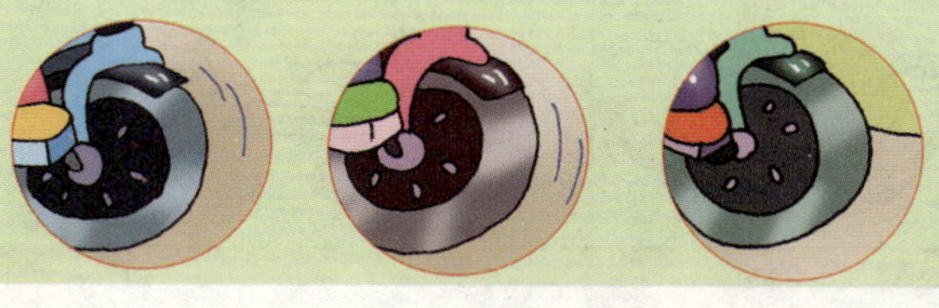

3-5 岁

___年___月___日

# 你真棒！

将下面的东西3个组成一组，各有几组？请将得数写在□中。

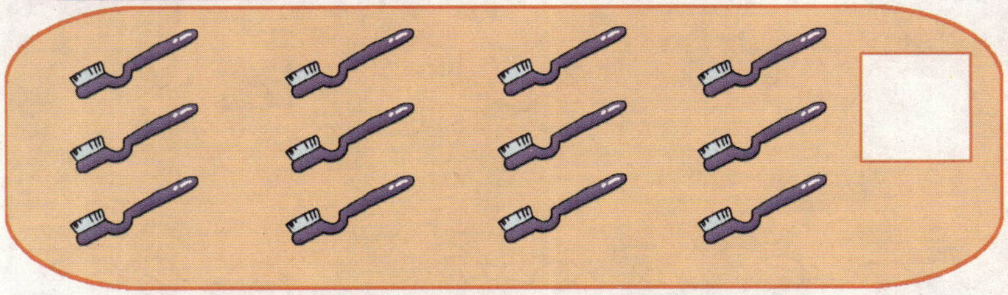

抄写数字。

6 7 8 9 10

请按下面图形的排列规律填空，用线连接。

请将上下相同的字用线连接起来。

棵 猪 鞋 甜 病 讲

讲 鞋 病 棵 猪 甜

请在右图中找出：

# 你真棒！

看图讲故事：小猪为什么生病。

右边的小朋友哪一个穿了左边的衣裤？找出后请画上“○”。

左边的剪影是由右边哪几个炊具组成的？找出后请画上“○”。

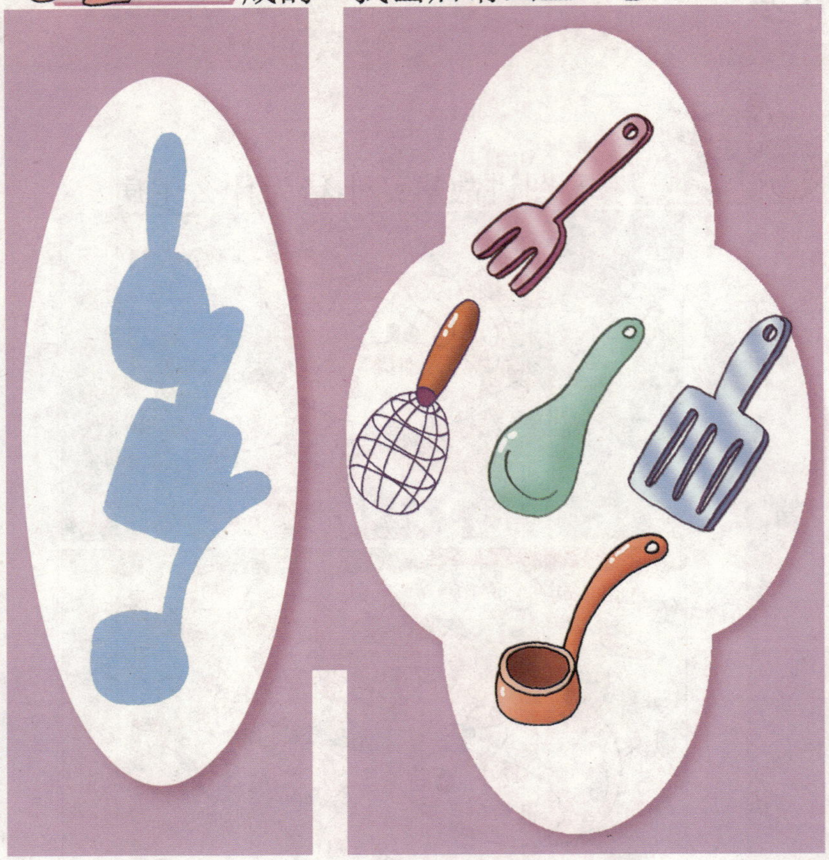

走迷宫，从➡到◉。

# 你真棒！

小朋友的风筝掉在屋顶上了，用什么东西去取？在右边找出后画“○”。

抄写数字。

11 12 13 14 15

请按左边◯中的提示，分别在钱包中找出相等数量的钱币，并用“ ”圈出来。

看图讲故事。

导语

你能帮助小猪解决这个问题吗？

寓言故事：想飞的乌龟。

乌龟看见鹰在空中飞翔，便请鹰教它飞行本领。
①
鹰说：“老弟，你没有翅膀，不能飞行。”
②
可鹰经不住乌龟的再三恳求，就抓住乌龟飞到高空。
③
鹰将乌龟松开，乌龟便落到地上，摔得粉碎。
④
导语：不切实际的人必将失败。

你知道吗？船。

这是很早以前用桨划的小木船。船桨划呀划，小木船就前进了。

后来，发明了帆船，利用风力推动船前行。

再后来，发明了机动船，利用发动机将船开动。

现在，发明了像一座高楼似的大客船，可以运载许多客人。还发明了装载很重很重物品的大货船。

请在右边找出和左边花盆下相同的钟，并画上“○”。

看图后，回答下面的问题。

1、上图中的小朋友想买哪条狗？请在下面找到后画上“△”。

2、请在下面找出没有和自己的妈妈在一起的孩子，并画上“√”。

请将下面同一形状的东西用线连接起来。

抄写数字。

16 17 18 19 20

请从31—40连线。

# 你真棒！

请给图中行为正确的小朋友贴上 （在贴纸中找）。

看图后请按事情发生的先后顺序写上序号。

右图比左图少了什么？请添画上。

看图做算术，并把得数写在□中。

11 + 5 = □

12 + 7 = □

13 - 2 = □

15 - 3 = □

请按玩具的排列顺序在左边找出正确的玩具填空，只填序号即可。

请参照左图画右图。

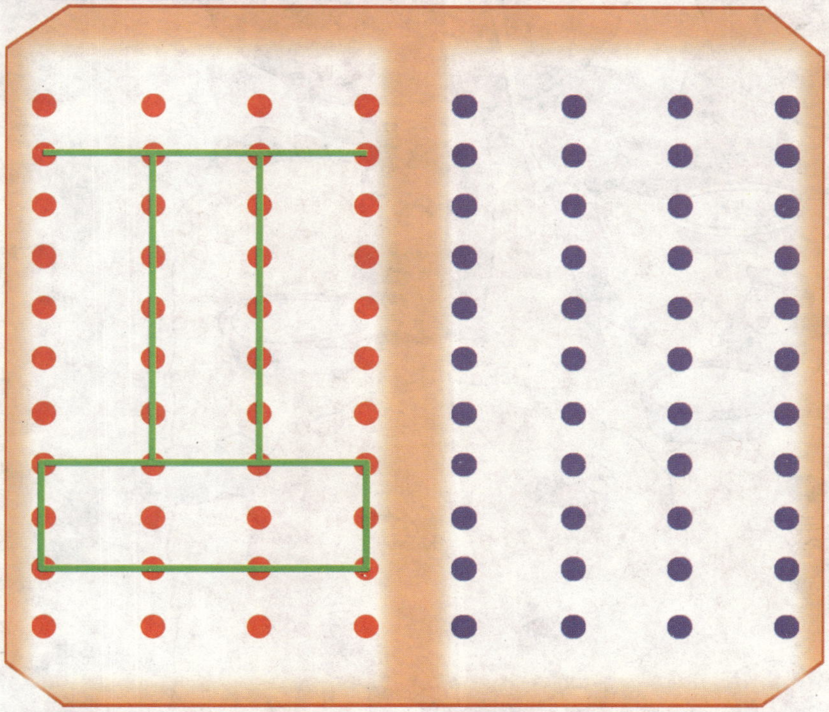

请找出和左边相同的叶子和水果，并画上“○”。

请分别在中间的□中写出上下花朵数之间的数字。

看图后，回答下面的问题。

1、上图树干上的数哪一个与下面的栗子数相等？请画上“○”。

2、上图中每只松鼠吃掉1粒栗子，一共吃了几粒？请写在下面的□中。

3、请在下面找出上图○中小朋友的剪影，并画上“○”。

# 你真棒！

请在下面框中找出上图小朋友拿的东西，并画上“○”。

请给下面的试管按从短到长的顺序写上序号。

比较左右两幅图，找出8处不同的地方，并画上“○”。

看图后，回答下面的问题。

1、上图中哪个人穿了下面的衣服、鞋袜？找出后请画上“○”。

2、请在上图中的树干上找出与其他字不一样的字，并画上“△”。

3、请给等公共汽车的人（从离站牌最近的人开始），按数的排列顺序写上序号。

请给下面走在最前面的小动物画上“○”。

抄写数字。

21 22 23 24 25

看图讲故事。

请给下面做错事的小朋友画上“○”。

请涂颜色。

比较左右两幅图，找出8处不同的地方，并画上“○”。

请按下面文字要求做题。

在右边找出左边小兔的背影，并画上“○”。

在右边找出左边机器人的正面，并画上“○”。

做算术，并把得数写在□中。

15-5=□　17-5=□

14-1=□　13-3=□

16-5=□　16-2=□

15-1=□　18-5=□

14-2=□　12-1=□

请按下面的文字提示给相应的钟画上“○”。

小明4点30分打扫房间。

红红8点30分上幼儿园。

下面哪样东西可以用○中的量词？请画上“○”。

把

看图识字：水。

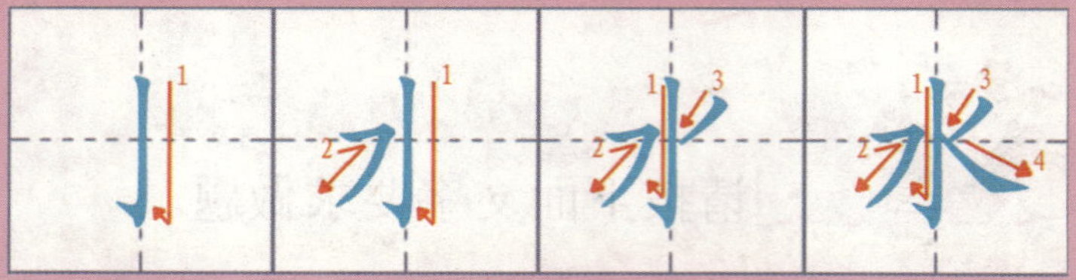

## 导 语

1、左图中有什么？水有什么用途？

2、用“水”组词、造句。

3、认识“水”字及笔画、笔顺。

先数杯子的数量，再将下面○中比杯子数多2的数字涂上颜色。

3-5 岁

___年___月___日

# 你真棒！

请将左边的数字合起来，得数写在〇中。

抄写数字。

26

27

28

29

30

请分别在〇中写出比图中笔数少2的数。

## 你知道吗？动物觅食。

老鼠：鸡蛋是椭圆形的，壳很光滑。一只老鼠是拖不走的，于是，它们便合伙作案：一只老鼠仰躺地上，用四只爪子抱住鸡蛋；另一只老鼠便咬住它的尾巴向前拉动，把蛋拖进老鼠窝里，再把蛋壳敲破了吃。

画眉鸟：画眉鸟最喜欢吃蜗牛。可是蜗牛有一个硬硬的外壳，怎么把它打开呢？画眉鸟会找到一块小石头，用嘴衔着狠狠地敲打蜗牛壳。打破外壳后，就可以饱餐一顿鲜美的蜗牛肉了。

兀鹰：它喜欢吃鸵鸟蛋。可是，鸵鸟蛋的外壳又厚又硬，用嘴和爪子是打不破的。兀鹰便用爪子抓起一块大石头，然后飞到100米左右的高空松开爪子，让石头向鸵鸟蛋砸去。砸开后，兀鹰再飞下来，把长嘴伸进蛋中吸出蛋白和蛋黄。

## 比较左右两幅图，找出8处不同的地方，并画上“○”。

# 你真棒！

看图学成语：一箭双雕。

① 从前有个人叫长孙晟，射箭技术非常高超。

② 一次打猎时，他发现两只雕正在争夺一块肉。

③ 长孙晟举起箭来，一箭射中了两只雕。

**导　语**

比喻做一件事可以达到两个目的。

看图讲故事。

看图学成语：一字千金。

秦国时，宰相吕不韦的许多门客在他家编写《吕氏春秋》，该书内容包括天文地理、风土人情等，共有160篇文章，分成26卷。

书编好后，吕不韦下令将书和一千金一起挂在城门上，说谁能给书增加或减少一个字，就赏一千金。于是“一字千金”就作为成语传了一代又一代。

导语：与“一字千金”有近似意义的还有：一字值千金、一字一铢、一言千金等。

上面□中的果子是由下面哪些果子组成的？找出后请画上“○”。

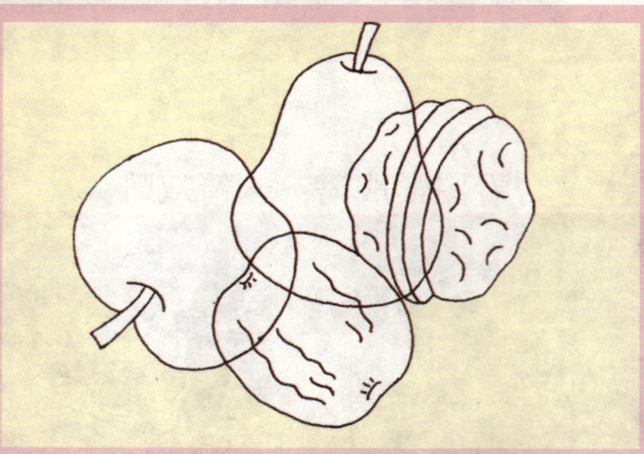

走迷宫，从➡到◉。

## 保持平衡

● 动手做须知

剪线
外折线
内折线

做法：

①剪下图片。沿线折起水平座，背面涂胶，对贴；

②折起支座，中间插入水平座，涂胶贴上；

③拉开水平座两端，贴上鸟；

④把支座放在指尖上，两只鸟会保持平衡。

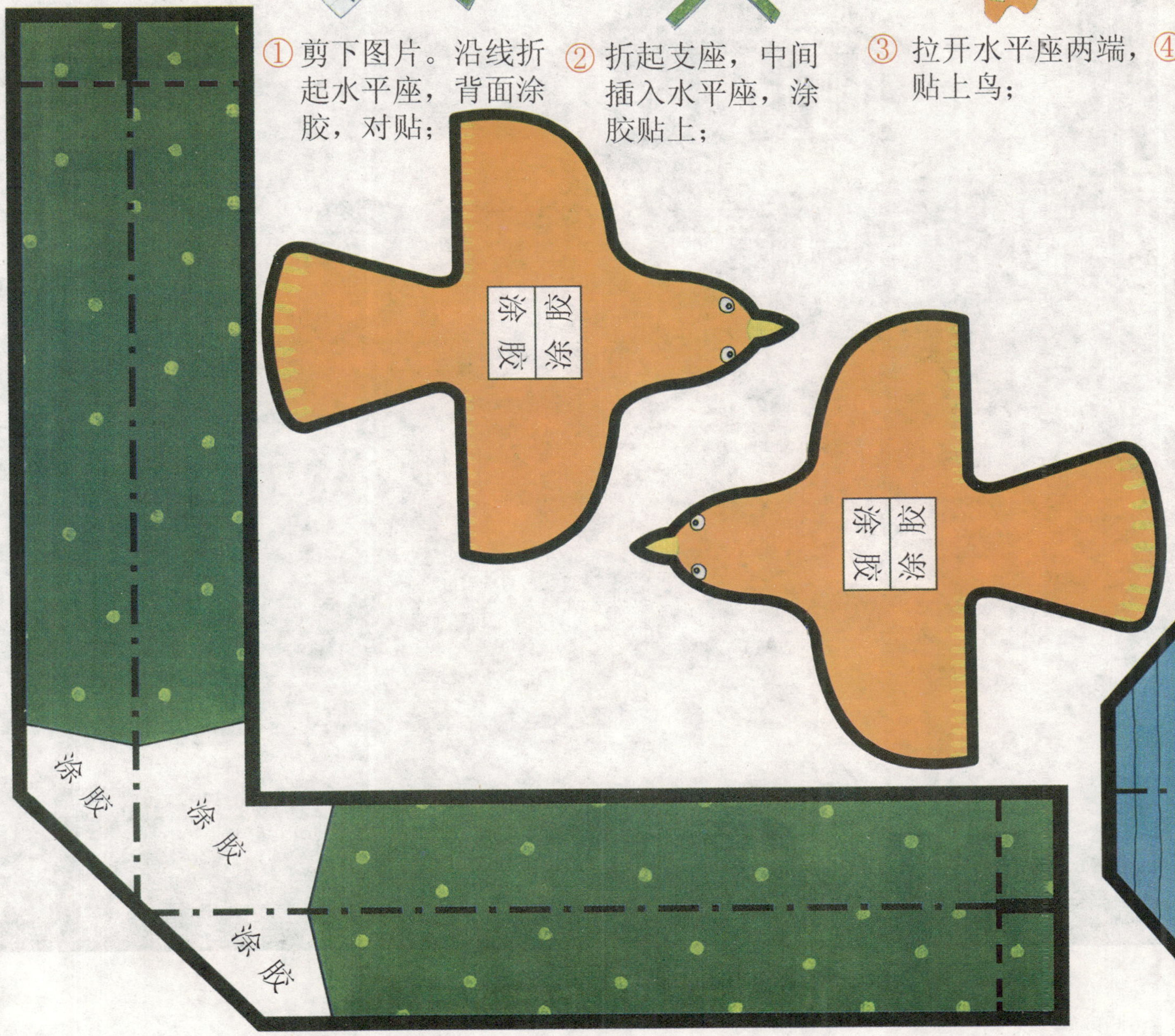


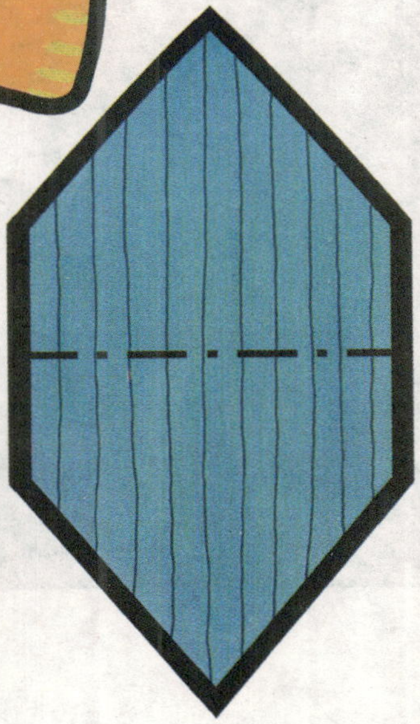

ROSE
IN
JUNE
OF
LONDON

## 公路上的汽车

做法：

①沿线剪下汽车； ②对折后立起来；③把汽车贴在公路上。

## 冰箱

做法：

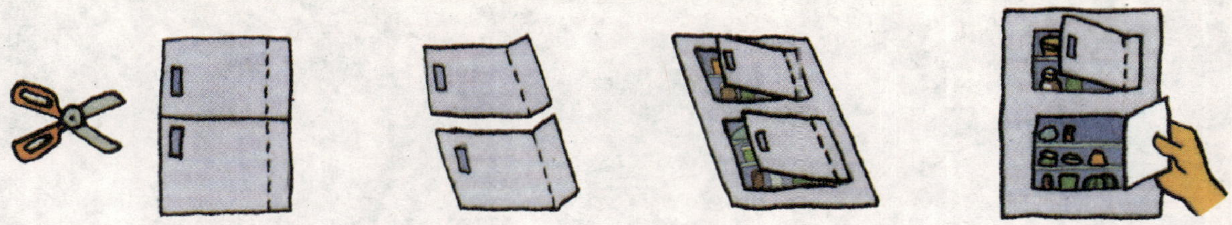

①剪下冰箱门；②沿线折起；③在冰箱门边涂胶、粘贴；④打开冰箱门。

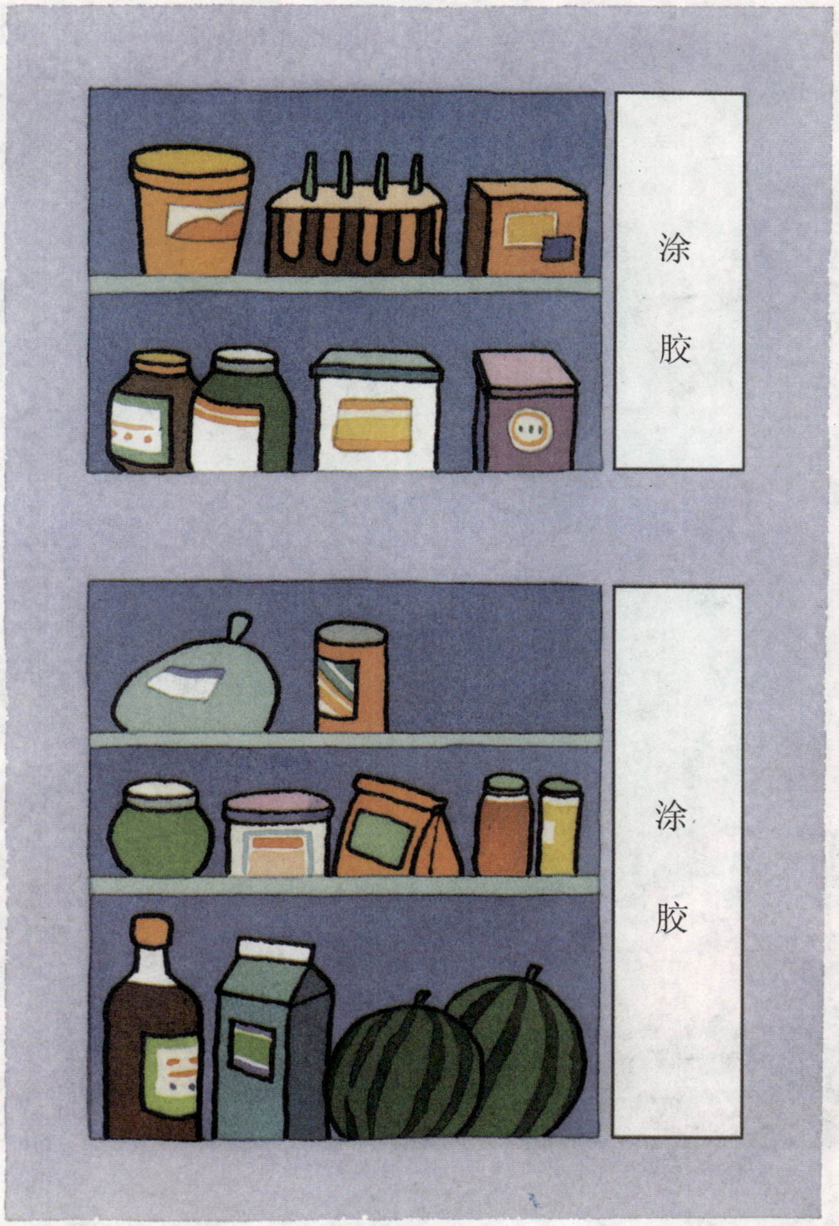


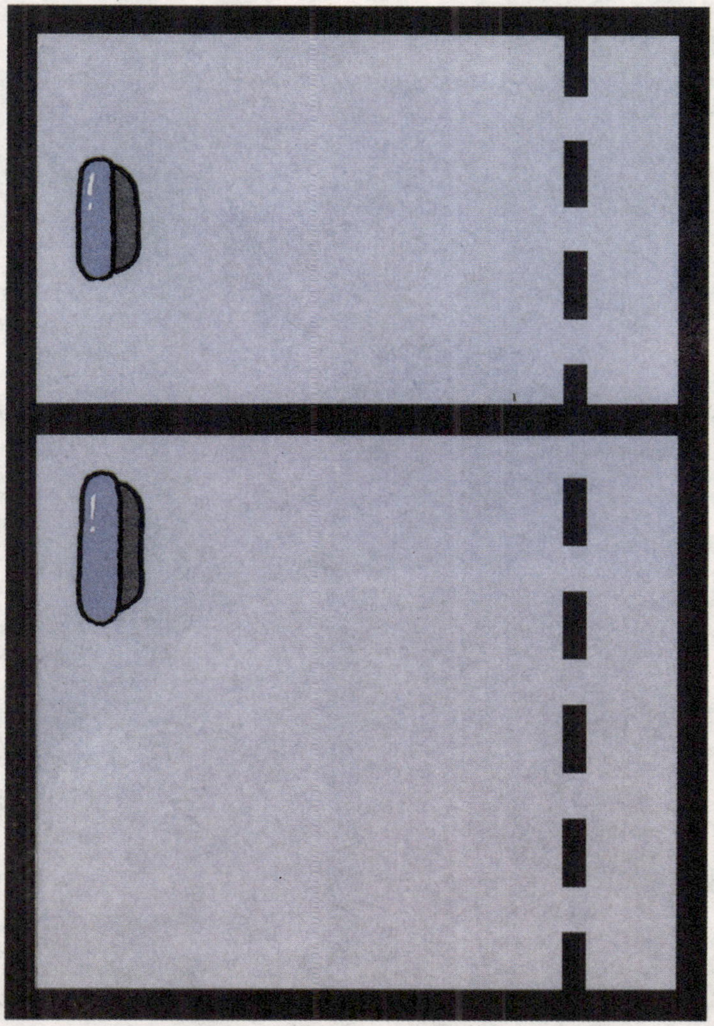

3-5 岁

___年___月___日

# 你真棒！

## 滚动游戏

做法：

①剪下图片；

②涂胶处涂胶水；

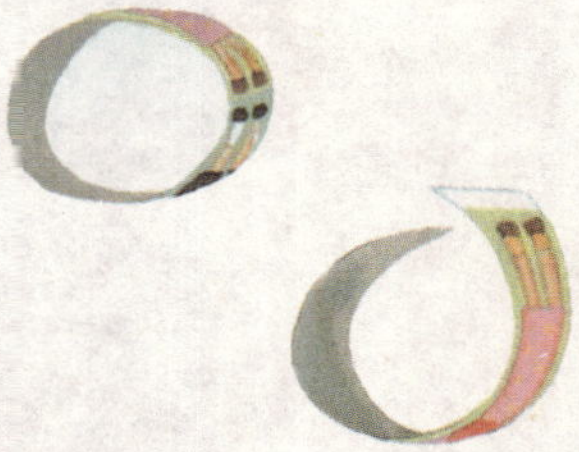

③卷起来，把两端粘住；

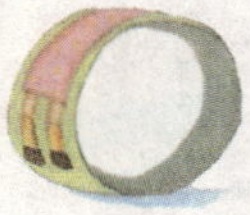

④放在地上滚动。

涂胶

涂胶

## 乌龟

做法：

①剪下乌龟图；

②沿线向外折叠；

③用手按压乌龟壳，乌龟便上下跳动地慢慢移动。

## 打转的蛇

做法：

① 沿线剪下蛇图；

② 从蛇眼穿线；

③ 背面用透明胶带固定后抬起来，蛇就会打转。

## 做故事本

做法：

①沿线剪下图片，对折后再剪开；② 重新折叠后，如图所示，沿线折起来；③ 折叠时，让标题置于最外面。

## 猴子和熊猫玩跷跷板

做法：

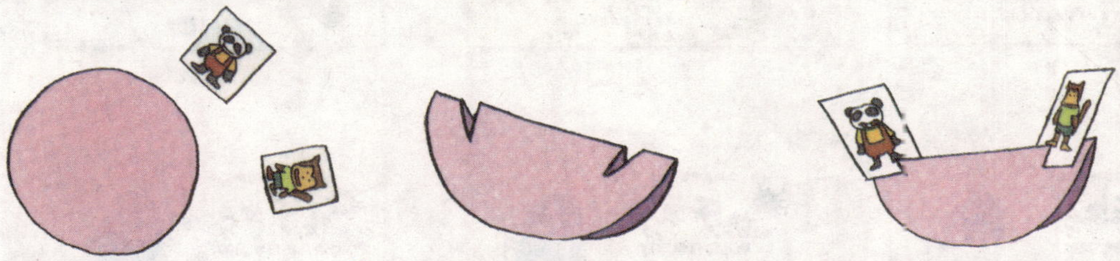

①沿线剪下图片；②沿线把粉红色圆圈折叠后剪开；③把猴子和熊猫插在剪开处，这样它们就能玩跷跷板了。

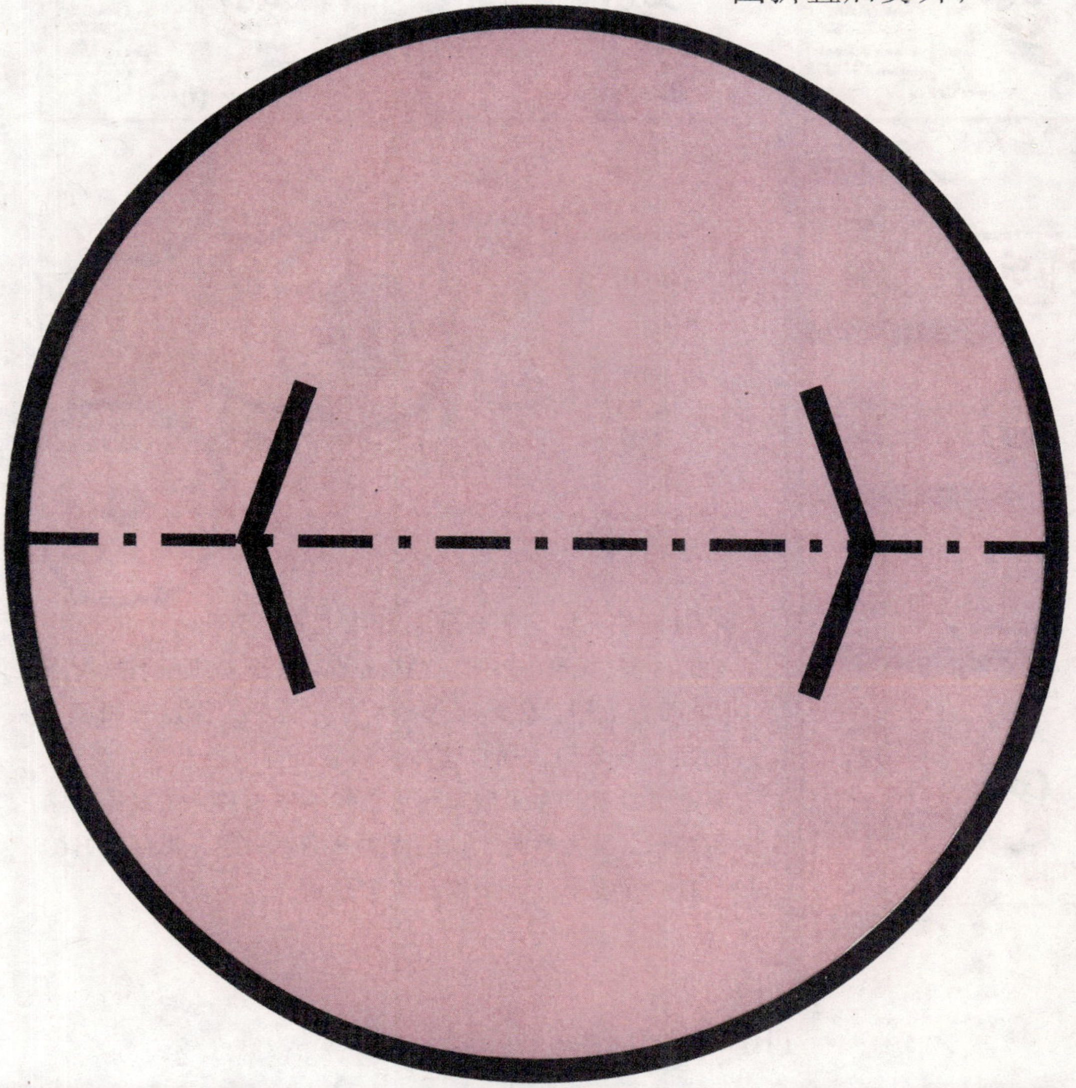

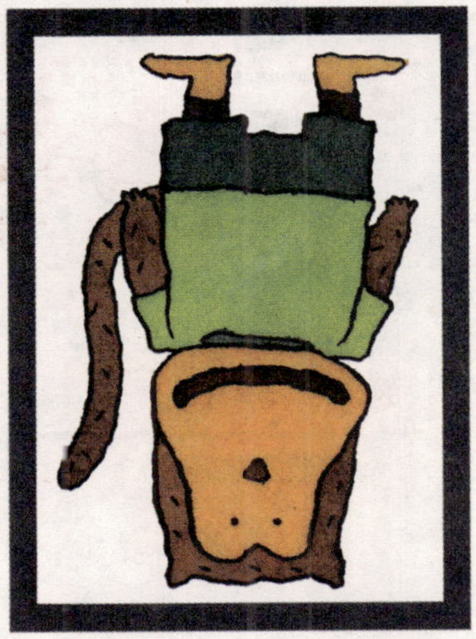

《新快乐学习》全套图书共14册，分为4个年龄段：1岁-3岁（托班）：2册，2岁-4岁（小班）：4册，3岁-5岁（中班）：4册，4岁-6岁（大班）：4册。周密安排孩子的每一天学习，通过连线、拼图、迷宫、找错、涂色、看图讲故事、手工制作等近百种游戏形式，帮助孩子学习知识、开发智力、训练能力、培养兴趣，形成良好的个性心理品质，全面提高综合素质。